Hartmut Ronge

Die 3 Könige brachten Gold, Wein auch und Möhren.

Kinder erzählen die Weihnachtsgeschichte

LAPPAN

Und im sechsten Monat wurde der Engel Gabriel von Gott gesandt in eine Stadt in Galiläa, die heißt Nazareth, zu einer Jungfrau, die vertraut war einem Mann mit Namen Josef vom Hause David; und die Jungfrau hieß Maria.

Gott wollte ein eigenes Kind darum muste eine Jungfrau dran glauben.

DIE JUNGFRAU MARIA
WAR MIT JOSEF
VERLOPT UND MIT
GOTT VERHEIRATET

ENGEL HEISEN SO WEIL SIE GAANZ ENGE KLAIDER ANHABEN DAMIT SIE SCHNELLER FLIEGEN KÖNNEN.

Und der Engel kam zu ihr hinein und sprach: Sei gegrüßt, du Begnadete! Der Herr ist mit dir!

Der Engel grüste die
Gebadete und sagte:
Der Herr isst mit dir.

Sie aber erschrak über die Rede und dachte: Welch ein Gruß ist das? Und der Engel sprach zu ihr: Fürchte dich nicht, Maria, du hast Gnade bei Gott gefunden.

Der Erzbengel Gabriel musste der Maria das mit dem Baby beichten.

DeR EnGEL SPRacH ZU
MaRia: Du Hast
GRanatE bEi Gott
GEFunDEn.

Jesus und das Christkind und der Weinachtsmann sind derselbe!

Siehe, du wirst schwanger werden und einen Sohn gebären, und du sollst ihm den Namen Jesus geben.

Das KriEGSDUSKinD heisst
SO WEIL DEr EnGEL SaGtE
jEtzt KriEGSDUS KinD

Der wird groß sein und Sohn des Höchsten genannt werden; und Gott, der Herr, wird ihm den Thron seines Vaters David geben, und er wird König sein über das Haus Jakob in Ewigkeit, und sein Reich wird kein Ende haben.

König sein über
nur 1 Haus ist
ja doof!

Es begab sich aber zu der Zeit, dass ein Gebot von dem Kaiser Augustus ausging, dass alle Welt geschätzt würde.

Weil Gott der Maria ein Kind gemacht hat
hat Kaiser Augustus die ganze Welt
schützen lassen.

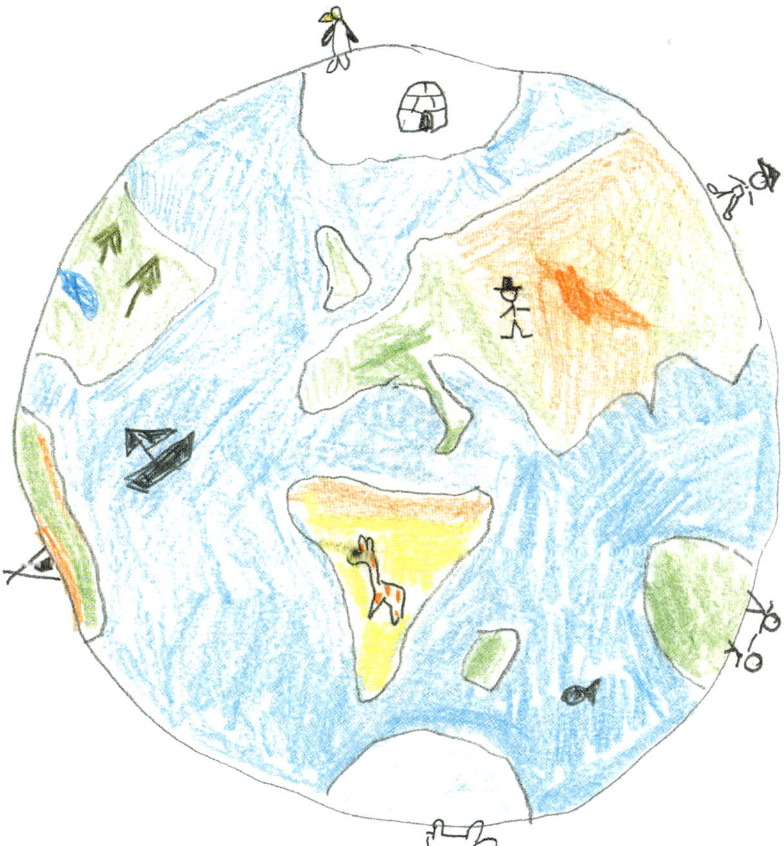

Und diese Schätzung war die allererste und geschah zur Zeit, da Quirinius Statthalter in Syrien war. Und jedermann ging, dass er sich schätzen ließe, ein jeder in seine Stadt.

WARUM HABEN DIE DUMMIES
DIE LEUTE BLOS GESCHÄTZT
UNT NICHT EINFACH GEZÄHLT?

Kwirinus war so stark der konte eine ganze Stadt halten!

Bei einer Schwätzung sitzen nur Frauen zusammen

Da machte sich auf auch Josef aus Galiläa aus der Stadt Nazareth, in das jüdische Land zur Stadt Davids, die da heißt Bethlehem, weil er aus dem Hause und Geschlechte Davids war, damit er sich schätzen ließe mit Maria, seinem vertrauten Weibe; die war schwanger.

Josef hat die
schwangere Maria
mit zur Volkszähmung
genommen.

Josef wohnte im gleichen
Haus wie David.
In Bethlehem hat
er sein Geschlecht
schätzen lassen.

Bad Lehem war eine Kurstadt
wo nur Kranke hin gegangen sind.

MARIA WAR DEM
JOSEF SEIN
VERHAUTES WEIB.

Josef hat Maria schätzen lassen wie schwer sie wohl ist

Und als sie dort waren, kam die Zeit,
dass sie gebären sollte.

Josef feierte gerade
Weihnachten als
plözlich Jesus
geboren wurde

Und sie gebar ihren ersten Sohn und wickelte ihn in Windeln und legte ihn in eine Krippe; denn sie hatten sonst keinen Raum in der Herberge.

In Bettlehem gab es
leider keine Betten mehr.

Maria war eine Jungfrau weil sie einen Jungen gekrigt Hat sonst wär sie eine Mädfrau.

Papa sagt immer Heiland zack
weil das so schnell ging
mit der Geburt

Und es waren Hirten in derselben Gegend auf dem Felde bei den Hürden, die weideten des Nachts ihre Herde.

Auf einem Feld waren ganz viele Hirten und die weiteten ihre Schafe.

Und der Engel des Herrn trat zu ihnen und die Klarheit des Herrn leuchtete um sie; und sie fürchteten sich sehr.

DEr EnGEL DES HERRn Hat
SIE GEtRETEN. SIE FÜR-
CHtEtEn SICH SER.

Dann leuchtete es weil ein Engel
heran rauschte. Es war ein
Rauschgoldengel.

EIN HIRTE MUSS SOLANGE SCHAFE HIRTEN BIS ER DIE GANZE BAUMWOLLE ABSCHN-EIDEN KANN

Und der Engel sprach zu ihnen: Fürchtet euch nicht! Siehe, ich verkündige euch große Freude, die allem Volk widerfahren wird; denn euch ist heute der Heiland geboren, welcher ist Christus, der Herr, in der Stadt Davids.

DER ENGEL SAGTE: ICH
VERKÜNDE EUCH DAS
DAS VOLK BALD WIEDER
FAHREN WIRD.

Und das habt zum Zeichen: Ihr werdet finden das Kind in Windeln gewickelt und in einer Krippe liegen.

IHR FINDET DAS
KINDLEIN IN EINER
KIPPE LIEGEN.

Und alsbald war da bei dem Engel die Menge der himmlischen Heerscharen, die lobten Gott und sprachen: Ehre sei Gott in der Höhe und Friede auf Erden bei den Menschen seines Wohlgefallens.

Die himmlischen Herrschaften
verLobten Gott und
sprachen von der Ehre

Im Himmel war die Hölle los
unt auf der Erde war Frieden

Die Engel sagten zu
Gott: Die Ehe ist ja
die Höhe!

Und als die Engel von ihnen gen Himmel fuhren, sprachen die Hirten untereinander: Lasst uns nun gehen nach Bethlehem und die Geschichte sehen, die da geschehen ist, die uns der Herr kundgetan hat.

Die engel Hatten ganz schnelle Ferraris
mit denen sie in den Himmel Furen

Dann sind alle nach Betlehem
zur Geburtstagsparty.

WEIL DA HABEN DI
HÜRTEN DAS
HÜRTENLAUFEN ERFUNDEN

Und sie kamen eilend und fanden beide, Maria und Josef, dazu das Kind in der Krippe liegen.

AM EILIGEN ABEND MUSTEN DIE HIRTEN GANZ SCHNELL SEIN

Da lagen Maria und Josef
und das Bäbi zusammen
in der Krippe.

Das Küsskind wurde
von den Hirten
total abgeknutscht

Als sie es aber gesehen hatten, breiteten sie das Wort aus, das zu ihnen von diesem Kinde gesagt war. Und alle, vor die es kam, wunderten sich über das, was ihnen die Hirten gesagt hatten. Maria aber behielt alle diese Worte und bewegte sie in ihrem Herzen.

Josef und Maria haben sich nie geliebt und trotzdem ein Kind gekrigt. Das ist ein groses Wunder.

Und die Hirten kehrten wieder um, priesen und lobten Gott für alles, was sie gehört und gesehen hatten, wie denn zu ihnen gesagt war.

DIE hirtEN haBEN
WIEDEr GEKEhrt
WIE MAN ES ihNEN
GESAGt hAttE

Als Jesus geboren war in Bethlehem in Judäa zur Zeit des Königs Herodes, siehe, da kamen Weise aus dem Morgenland nach Jerusalem und sprachen: Wo ist der neugeborene König der Juden? Wir haben seinen Stern gesehen im Morgenland und sind gekommen, ihn anzubeten.

DAS MORGÄHNLAND
HEIST SO WEIL DA ALLE
GANZ MÜDE SIND.

Dann kamen die Leisen aus dem Morgenland und haben ganz laut den König gerufen

KOM MAL HER RODES
KANST DU WAS
GUGELN?

Als das der König Herodes hörte, erschrak er und mit ihm ganz Jerusalem, und er ließ zusammenkommen alle Hohenpriester und Schriftgelehrten des Volkes und erforschte von ihnen, wo der Christus geboren werden sollte.

In Jerusalehm waren
alle Häuser
aus Lehm.

Und sie sagten ihm: In Bethlehem in Judäa; denn so steht es geschrieben durch den Propheten: „Und du, Bethlehem im jüdischen Lande, bist keineswegs die kleinste unter den Städten in Juda; denn aus dir wird kommen der Fürst, der mein Volk Israel weiden soll."

Wenn der das Volk weiden soll
dann waren das doch
alles Kühe!

Er fragte die hohen Biester und die Schriftgelerten

SIE SAGTEN ES WAR IN
BETLEHEM, WEIL DA WURDE
DAS BETEN ERFUNDEN.

Da rief Herodes die Weisen heimlich zu sich und erkundete genau von ihnen, wann der Stern erschienen wäre, und schickte sie nach Bethlehem und sprach: Zieht hin und forscht fleißig nach dem Kindlein; und wenn ihr 's findet, so sagt mir 's wieder, dass auch ich komme und es anbete.

Sie fragten ihn nach dem König der Buden und er Schickte sie nach Betlehem auf den Weihnachtsmarkt

Der Herodes war blind
sonst hätte er den
Stern ja selber gesehen!

Weil da das berümteste
Baby der Welt geboren
wurde heist die Stadt jetzt
Babylon

Als sie nun den König gehört hatten, zogen sie hin. Und siehe, der Stern, den sie im Morgenland gesehen hatten, ging vor ihnen her, bis er über dem Ort stand, wo das Kindlein war.

JEZT HATTE DER STERN
PLÖZLICH FÜßE UND GING
VOR IHNEN HER.

Als sie den Stern sahen, wurden sie hocherfreut und gingen in das Haus und fanden das Kindlein mit Maria, seiner Mutter, und fielen nieder und beteten es an und taten ihre Schätze auf und schenkten ihm Gold, Weihrauch und Myrrhe.

Dann stolperten sie und fielen nieder

NACH DER GEBURT HAT
SICH JESUS ERSTMAL
HINGELEGT.

Die 3 Könige
brachten Gold,
Wein auch
und Möhren.

Und Gott befahl ihnen im Traum, nicht wieder zu Herodes zurückzukehren; denn Herodes gedachte das Kindlein umzubringen. Und sie zogen auf einem andern Weg wieder in ihr Land.

GOTT HAT DEN STERNBEUTERN IM TRAUM
GESAGT DAS HERODES DAS KINDLEIN
TRÖTEN WILL.

Dann sint sie wieder heimlich
heim geschlichen wie Papa wenn er
in der Kneipe war

IM MORGENLAND
IST ES IMMER
SCHON EINEN TAG
SPÄTER WI HEUTE

Das Kind aber wuchs und wurde stark, voller Weisheit, und Gottes Gnade war bei ihm.

DAS CHRIS KIND WURDE GROS UND STARK UND DANN HIES ES CHRISTIAN

Die Weihnachts Gehschichte
wie alle nach Bethlehem
gegangen sind ist
jetzt aus.

Hartmut Ronge ist vielseitiger Autor im Bereich Humor und Satire, Sachbuch, Mundart – und schreibt unter Pseudonym für unterschiedliche Verlage. Seit Jahren sammelt er originelle Sprüche, Texte und Zeichnungen von Kindern aus dem Bekannten- und Freundeskreis. Für dieses Buch hat er die schönsten Bilder und kreativsten Aussagen zum Thema Advent und Weihnachten von seinen kleinen Freunden zusammengestellt. Hartmut Ronge hat zwei Kinder, lebt mit seiner Regierung in Stuttgart und lässt sich schon seit Jahren immer wieder zum 38. Geburtstag gratulieren – das hält jung. Er wurde wegen besonderer Verdienste zu Hause u. a. bereits mehrfach mit dem goldenen Spülmaschineneinräumpreis ausgezeichnet.

Ein großes fettes Dankeschön geht an die mitwirkenden Künstler*innen:
Aimée (10), Anja (8), Bela (8), Christian (7), Emilia (8), Emmi (10), Hanna (9), Hanna (11), Harro (9), Jakob (9), Julius (7), Klara (7), Lea (8), Lena (9), Lisa (9), Lotta (11), Luise (8), Maja (7), Mia (8), Susi (9), Toni (6) und Vincent (11).

Wir produzieren nachhaltig
- Klimaneutrales Produkt
- Papiere aus nachhaltigen und kontrollierten Quellen
- Hergestellt in Europa

FSC www.fsc.org MIX Papier | Fördert gute Waldnutzung FSC® C002795

2. Auflage 2023

ISBN 978-3-8303-6400-9

Text und Illustration: Hartmut Ronge und alle mitwirkenden Kinder
Lektorat: Antje Haubner
Gestaltung/Herstellung: Monika Swirski

Fotonachweis – Inhalt: Joanna Dorota by Shutterstock.com; Cover: Andrius_Saz by Shutterstock.com und Joanna Dorota by Shutterstock.com

Kinder erklären die Welt

in Büchern und Kalendern von Hartmut Ronge!

ISBN 978-3-8303-2055-5

ISBN 978-3-8303-2054-8

ISBN 978-3-8303-6416-0

FOLGT UNS! facebook.com/lappanverlag
Instagram.com/lappanverlag
www.lappan.de

LAPPAN
Bücher, die Spaß bringen!